BARREAU DE TOULOUSE

DE LA SITUATION

DES

ENFANTS MALTRAITÉS

ET

MORALEMENT ABANDONNÉS

DISCOURS

PRONONCÉ LE 27 NOVEMBRE 1892, A LA SÉANCE DE RENTRÉE

DE LA

CONFÉRENCE DES AVOCATS STAGIAIRES

PAR

Me Jules BOYER

AVOCAT

LAURÉAT DE LA CONFÉRENCE

PRIX FOURTANIER (Médaille d'Or).

TOULOUSE

TYPOGRAPHIE-LITHOGRAPHIE R. THOMAS ET Cie

23, RUE BONREPOS, 23

BARREAU DE TOULOUSE

DE LA SITUATION

DES

ENFANTS MALTRAITÉS

ET

MORALEMENT ABANDONNÉS

DISCOURS

PRONONCÉ LE 27 NOVEMBRE 1892, A LA SÉANCE DE RENTRÉE

DE LA

CONFÉRENCE DES AVOCATS STAGIAIRES

PAR

Me JULES BOYER

AVOCAT

LAURÉAT DE LA CONFÉRENCE

PRIX FOURTANIER (Médaille d'Or).

TOULOUSE
TYPOGRAPHIE-LITHOGRAPHIE R. THOMAS ET Cie
23, RUE BONREPOS, 23

DE LA SITUATION

DES

ENFANTS MALTRAITÉS

ET

MORALEMENT ABANDONNÉS

Discours prononcé à la Séance de Rentrée, le 27 Novembre 1892.

MONSIEUR LE PREMIER PRÉSIDENT,

MONSIEUR LE BATONNIER,

MESSIEURS,

Il semble qu'en ce moment chacun est convaincu de la vérité de cette belle parole que depuis longtemps déjà la Pitié, émanation de la Justice Divine, répète à l'Humanité : « Toute injustice, toute misère te regarde. »

Car toutes les races, toutes les civilisations, même les plus prospères, ont vu « fleurir la souffrance », suivant la pittoresque expression du tragique Grec. Et pourtant, je ne crois pas que dans l'histoire des peuples l'on puisse retrouver une époque où, comme à l'heure actuelle, le sort des misérables ait non seulement troublé l'égoïsme individuel, mais ébranlé aussi l'égoïsme collectif des sociétés.

Aujourd'hui, en effet, devant le spectacle des douleurs humaines, chacun s'émeut et cherche un remède à chaque misère. Le législateur lui-même est entraîné dans ce mouvement général. Et afin de montrer l'importance de cette manifestation nouvelle, on l'a appelée d'un beau nom « la Question sociale », proclamant ainsi que la société tout entière s'en préoccupe, qu'il s'agit de modifier l'édifice social et que l'avenir en dépendra peut-être un jour.

Or, pour résoudre « cette question », il faut rechercher la cause de chaque imperfection sociale ; la faire disparaître ou, au moins, l'atténuer dans la plus large mesure.

Chacune forme donc un problème social déterminé.

Eh bien ! Messieurs, il est un de ces problèmes qui préoccupe à juste titre la société actuelle, car il s'agit du sort des générations nouvelles, des peuples de demain : c'est la situation de l'enfance maltraitée et moralement abandonnée.

Voyons ce qu'elle a été, ce qu'elle est, ce qu'elle pourra devenir. Suivons-en les différentes phases sans entrer dans le détail des lois ou dans les réglementations de la procédure, l'envisageant surtout au point de vue du droit des hommes et de l'intérêt des sociétés.

.˙.

Dans une loi du 24 juillet 1889, notre législateur l'a prévue spécialement. Mais pendant de longs siècles l'on a laissé se manifester librement ce que nous considérons comme un mal dangereux : l'abus de la puissance paternelle.

Comment expliquer cette longue impassibilité des pouvoirs publics, interrompue seulement par les manifestations isolées de la charité privée ?

Les causes en sont nombreuses et profondes. Elles touchent à l'origine de la famille et de l'Etat, à l'idée que l'on s'est fait pendant longtemps du droit de propriété sur les personnes, à l'organisation des sociétés qui ont précédé la nôtre, et à une infinité d'influences qui échappent à l'analyse et qui constituent la tradition humaine.

Pour les connaître, il faut, en effet, se rappeler et se convaincre que le premier groupement social a été la famille, et que celle-ci émane d'une loi naturelle car elle résume un ensemble de rapports nécessaires qui dérivent de la nature même des choses. La constitution de la famille a été la manifestation du sentiment qui fait que le faible se met sous la protection du fort, lorsque la force règne en souveraine. Elle a été la traduction de l'instinct de société, et la conséquence de l'amour qui attire l'homme et la femme et les unit. Elle a été enfin la consécration du besoin que chaque être éprouve à perpétuer son espèce. Or, tout cela, c'est la nature humaine.

Au milieu des dangers innombrables du monde à peine sorti du chaos, le plus fort, l'homme, a protégé les faibles : la femme, les enfants. Mais rien ne limitant sa protection, elle a été absolue, même dans ses exigences. La famille ne pouvant pas subsister sans son chef, celui-ci l'a considérée comme sa chose, ne regardant même l'enfant que comme un objet qu'il aurait fabriqué de toutes pièces, un produit de son activité : le père était maître absolu. Mais il était encore plus que cela ; interprète de la famille auprès de la Puissance Supérieure qui régit le monde, il était son prêtre.

Et c'est avec ce double caractère que nous le voyons jusqu'à la fin des civilisations antiques.

Les agglomérations de familles se formèrent, les cités s'élevèrent au milieu des rivalités et des luttes qui justifient la sévérité de cette phrase célèbre : « Sitôt que les hommes sont en société, ils perdent le sentiment de leur faiblesse, l'égalité qui était entr'eux cesse et l'état de guerre commence » (1). Mais la famille resta intacte.

Et cela parce que, sauf quelques rares exceptions, se manifestant comme à Sparte par la suppression presque complète de la puissance paternelle, le pouvoir régulateur de la cité n'était pas encore assez fort pour rappeler le

(1) MONTESQUIEU, Esprit des lois.

père au juste exercice de son droit. — — Il en fut ainsi même à Rome. C'est à peine si dans le corps de ses lois, que l'on propose aux législateurs contemporains comme un modèle à méditer, l'on trouve quelques limitations aux abus de cette autorité. L'on n'arriva à interdire toute exposition d'enfant nouveau-né, à considérer le meurtre d'un enfant comme un crime, à en prohiber absolument la vente, que lorsque l'esprit de famille et le culte religieux s'affaiblirent avec toutes les institutions sociales. — Quant aux enfants .maltraités et moralement abandonnés, il n'en est même pas question.

D'ailleurs, l'on songea d'autant moins à protéger l'enfance que les luttes entre les cités avaient fait naître l'esclavage, c'est-à-dire un droit de propriété sur les personnes plus révoltant et bien moins justifié que celui du père sur son enfant.

Aussi fallut-il la ruine des vieilles croyances et l'écroulement des anciennes sociétés pour amener le triomphe d'une idée qui commençait à se manifester dans la philosophie de la décadence romaine : l'autorité paternelle exercée dans l'intérêt de l'enfant et non pour l'avantage du père ; la reconnaissance du droit naturel de l'enfant à la vie, à l'entretien, à l'éducation.

C'est la doctrine enseignée par les Pères de l'Église battant en brèche de toutes parts le vieil édifice païen.

C'était en effet la mieux en harmonie avec la religion nouvelle qui allait révolutionner le monde en prêchant la fraternité entre les hommes, en enseignant que la bonté et la douceur sont les premiers devoirs envers le prochain Et si cette nouvelle conception de l'autorité paternelle a mis longtemps à s'imposer dans les lois, c'est parce que à la civilisation romaine a survécu cet ensemble d'influences insaisissables que j'ai appelé la tradition humaine et qui s'est opposé à sa manifestation sociale, alors que déjà chacun la considérait comme une vérité équitable et qu'elle dominait les mœurs populaires.

De longs efforts, se manifestant sous toutes les formes, ont été en effet nécessaires pour vaincre ces résistances. Influence morale, création des premiers Etablissements Hospitaliers avec affectation spéciale de quelques-uns à l'Enfance abandonnée, décisions de Conciles : l'Eglise mit tous ses moyens d'action au service de l'idée nouvelle.

Aussi, nous restreignant maintenant à notre histoire nationale, à l'apogée de l'époque carlovingienne le pouvoir royal se crut assez fort pour protéger l'enfance opprimée. Les lois ordonnèrent aux magistrats d'intervenir même par mesure préventive.

Mais l'autorité royale ayant disparu dans le morcellement féodal, la puissance paternelle ne fut contenue que par les mœurs, les usages ou certaines lois coutumières. — Et lorsque, avec l'unité nationale, renaquit le pouvoir des rois, la tradition oppressive fut si forte qu'au dix-septième siècle, après des abus scandaleux consistant surtout en emprisonnements iniques, les Parlements

crurent le mal trop grand pour ne pas devoir
suppléer à la loi par une jurisprudence sévère.
Ils réprimèrent les corrections exagérées et veil-
lèrent à ce que l'éducation fut non seulement con-
forme aux bonnes mœurs, mais aussi en harmonie avec la fortune du père. Cette jurisprudence
elle-même ne résista pas longtemps, et l'Ancien
Régime disparut sans avoir résolu le problème
social qui se posait devant lui depuis bien des
siècles et dont d'ailleurs il ne s'était occupé sérieu-
sement qu'au début de son histoire.

Enfin, une société nouvelle s'éleva. Encore en
formation, sous l'influence des idées humanitaires
qui l'avaient fait naître, elle limita le droit de
correction paternelle. La loi des 16-24 août 1790
décréta que ce serait un tribunal de famille qui
réprimerait toute faute devant être sévèrement
punie; la peine ne pouvant pas dépasser un an
d'emprisonnement et n'étant exécutoire qu'après
avoir été approuvée par le président du Tribunal
du district. Protection évidemment exagérée;
aussi ce tribunal extraordinaire n'eut-il pas longtemps à siéger.

D'ailleurs, les législateurs de la Révolution,
exaltés par un désir de réaction immodéré, cher-
chèrent en outre à ruiner la force de la famille
comme une tradition du passé incompatible avec
une organisation démocratique. Ils en méconnu-
rent le fondement naturel. Ils appliquèrent (s
théories extrêmes déclamées par les idéologues

du dix-huitième siècle, oubliant « que le bien se trouve toujours entre deux limites, et que l'esprit de modération doit être celui du législateur ».

Aussi leur œuvre disparut rapidement. Mais l'idée qui l'avait inspirée lui survécut ; et elle reçut une juste application, car du bouleversement social qui avait changé la France l'Etat sortit fort et respecté, soucieux d'assurer à chacun le respect de ses droits, capable d'en réprimer les excès.

Il suffit, en effet, de parcourir les articles de nos Codes pour se convaincre que, dans son *Exposé des Motifs*, Réal traduisait exactement la pensée du législateur de 1804, lorsqu'il disait : « La puissance paternelle est un droit fondé sur la nature et confirmé par la loi, qui donne au père et à la mère, pendant un temps limité et sous certaines conditions, la surveillance de la personne, l'administration et la jouissance des biens de l'enfant. »

Nous y rencontrons d'abord ce principe de droit naturel : « L'enfant, à tout âge, doit honneur et respect à ses père et mère. » Puis, l'énonciation de l'autorité paternelle : « Le père, seul, exerce l'autorité. » Et après, chaque texte est une limitation à cette puissance, dans l'intérêt de l'enfant dont nos Codes reconnaissent les droits.

Fixation d'une majorité ; répression de l'avortement, de l'infanticide, des corrections excessives dégénérant en coups et blessures, de l'abandon des enfants n'ayant pas encore sept ans ; règlementation de la détention par mesure correctionnelle ; déchéance du père ayant favorisé la débauche de ses enfants mineurs de vingt et un ans ; retrait de la garde de l'enfant par décision du tribunal pendant et après les instances en séparation de corps ou en divorce ; suppression de l'exercice de l'autorité paternelle durant l'interdiction légale ou judiciaire : voilà autant de mesures protectrices de l'enfance. Et l'on peut ajouter à cette énumération : la responsabilité civile des parents, la complicité par abus d'autorité prévue par l'article 60 du Code Pénal, la règlementation de la jouissance des biens de l'enfant, l'institution de la réserve, et, les articles 319 et suivants du Code civil garantissant l'Etat Civil.

La jurisprudence est allée encore plus loin. Elle a reconnu aux tribunaux un droit de contrôle général sur l'exercice de l'autorité paternelle.

Nous venons de voir que, dans certains cas déterminés, le législateur avait formellement appelé l'intervention du magistrat. Mais l'on pouvait se demander s'il l'avait admise d'une façon générale, et s'il fallait, par suite, la reconnaître en l'absence de toute disposition particulière. — L'on a beaucoup controversé sur ce point. Je crois même que l'on pourrait discuter encore avec intérêt, si la loi du 24 juillet 1889 n'avait pas rendu cette question oiseuse en en changeant complètement les termes.

Quoiqu'il en soit, antérieurement à cette loi, les tribunaux ne prononçaient la déchéance de la puissance paternelle que dans les cas spécialement prévus dans les textes. Mais, s'appuyant sur leur mission régulatrice des droits de chacun, ils en retiraient au père l'exercice total ou partiel lorsqu'il dégénérait en un danger pour la santé physique ou morale de l'enfant dont il violait ainsi les droits. Chaque abus était donc atteint dans sa source même et disparaissait avec la possibilité de se reproduire.

Vous voyez, Messieurs, l'évolution accomplie dans la situation de l'enfance et la lenteur qu'elle a mis à se produire. Au début, la puissance paternelle découle du droit naturel et de la souveraineté de la force que rien ne peut encore contrebalancer. Mais peu à peu s'élève au-dessus des hommes un pouvoir supérieur qui assure le progrès des sociétés basé sur le respect du droit. En même temps, sous l'influence de ce progrès lui-même, l'esprit général s'épure et se moralise ; il retrouve la véritable notion du juste et de l'injuste, que l'abus de la force lui avait fait perdre ; et les sources de tout droit lui apparaissent dégagées des erreurs parfois volontaires que l'on a érigées en dogme social. Alors l'Etat, après de vaines et timides tentatives, aujourd'hui sûr de sa puissance matérielle et morale, fait rentrer l'exercice de l'autorité paternelle dans les limites que détermine le respect des droits de l'enfant lui-même, remplissant ainsi la mission du représentant de la perpétuité sociale.

Et ne nous étonnons pas des retards qu'elle a subis. C'est une loi de la vie du monde, pour qui les siècles comptent à peine.

Cette transformation n'est pas encore terminée. Vous connaissez, en effet, cette longue série de lois qui continuent l'œuvre commencée en 1804. Dans nos Codes se trouve une règlementation générale s'appliquant à toutes les positions sociales, respectant à la lettre l'égalité dans les lois. — Mais, grâce surtout au développement de l'industrie, qui attira l'attention publique sur ce point, l'on ne tarda pas à se convaincre que l'enfance avait besoin d'une protection plus étroite dans les familles pauvres que dans les familles riches, et qu'il fallait par suite de véritables lois de classes.

Une plus grande dureté dans les mœurs ; les sentiments de délicatesse qui doivent inspirer les relations entre membres d'une même famille, émoussés parfois par la promiscuité qui règne dans beaucoup de ménages ouvriers; une certaine rudesse provoquée souvent par la misère : ne sont-ce pas des prédispositions trop souvent fatales à ne pas avoir pour l'enfant les soins et le respect dont on doit l'entourer, à l'abandonner à lui-même, à exiger de lui un travail supérieur à ses forces ?

C'est surtout cette dernière tendance qui a paru se manifester depuis le perfectionnement de l'outillage industriel. Grâce à lui, en effet, la vigueur matérielle de l'homme ayant été remplacée par la force aveugle des machines, l'emploi des en-

fants dans les divers ateliers s'est généralisé. De
là, un surmenage engendrant des misères nouvelles, provoquant le dépérissement de la race.

Les pouvoirs publics s'en sont émus. Et dès
1851 ils ont réglementé le contrat d'apprentis-
sage. Puis ont été promulguées : la loi du 3 juin
1874, défendant d'admettre dans les usines et ateliers les enfants n'ayant pas encore dix ou douze
ans suivant les industries, et de soumettre à un
travail de nuit les garçons mineurs de seize ans,
les filles mineures de 21 ans ; interdisant, en outre, de les employer à des manipulations dange-
reuses pour la santé. La loi du 7 septembre 1874,
qui exige que les enfants employés par les parents
à des exhibitions ou à des exercices périlleux
aient au moins douze ans, et seize ans lorsqu'ils
sont au service d'étrangers ; elle prononce la
déchéance paternelle pour l'exploitation des enfants n'ayant pas seize ans par la mendicité,
même déguisée. Une autre, du 23 décembre 1874,
a organisé une inspection médicale des enfants
en nourrice, en sevrage ou en garde. Celle du 23
mars 1882 édicte l'instruction obligatoire. — Et
la liste ne paraît pas devoir se clore encore. Il y
a quelques jours à peine, le Parlement limitait à
onze heures le travail des enfants, des filles mineures et des femmes dans les établissements industriels.

Donc, à la veille de la loi du 24 juillet 1889,
l'enfance était protégée matériellement et moralement dans la famille par les dispositions léga-
les que nous venons de rappeler.

Mais il ne faut pas oublier que l'on rencontre parfois des enfants en dehors de toute famille, complètement abandonnés dans la société qui s'agite autour d'eux dans des luttes continuelles. — Pour eux, le juge de paix doit constituer un conseil conformément à l'article 409 C. Civ., et pourvoir à leur tutelle qui, suivant une heureuse expression, est dans ce cas une véritable « paternité sociale ». Car le tuteur ainsi nommé est investi de toute la puissance paternelle naturelle. Nous aurons d'ailleurs à parler plus longuement de lui en examinant les nombreuses œuvres publiques ou privées dont le but est la protection et l'amélioration de l'enfance.

Pourtant, depuis plusieurs années déjà, la tendance qui avait provoqué la législation en vigueur s'accentuant de plus en plus, l'on trouvait celle-ci insuffisante. Depuis la promulgation des Codes l'on n'avait fait que des lois de classes. En outre, la déchéance paternelle n'était encourue que dans deux cas d'une application peu fréquente ; le contrôle des tribunaux ne reposait que sur une jurisprudence contestable ; et la protection des enfants délaissés n'était pas juridiquement organisée.

Aussi, cédant au désir de protéger les faibles qui s'est emparé de notre société, sous l'influence des idées individualistes et des théories socialistes qui poussent à la méconnaissance de la puissance paternelle pour aboutir d'ailleurs à des

conséquences diamétralement opposées, l'on ré-
clamait une loi en harmonie avec ces hardiesses
nouvelles.

Le 21 janvier 1881, Messieurs les sénateurs
Roussel, Bérenger et Dufaure déposèrent une
proposition de loi qui, après bien des contre-
temps, aboutit à la loi du 24 juillet 1889.

Ce qui frappe tout d'abord dans celle-ci, c'est
le caractère général qui résulte de son titre même :
« Loi sur la protection des enfants maltraités et
moralement abandonnés ». Puis, la sévérité des
sanctions qu'elle prononce : la déchéance paternelle n'est plus cette mesure que l'on ne prenait
qu'avec la plus grande circonspection, en pré-
sence d'une ignominie repoussante ; elle est la
peine de toute indignité, le châtiment vulgaire en
même temps que la protection ordinaire pour
tout abus condamnable. L'on y trouve enfin,
l'organisation précise de la situation faite à l'enfant qui a été ainsi retiré à son père.

Divisée en deux Titres, le premier s'occupe des
causes de déchéance, de la tutelle qui en est la
suite, et de la restitution de la puissance paternelle. Le deuxième organise la protection des
mineurs placés avec ou sans l'intervention des
parents.

Le père est frappé de déchéance de plein droit :
lorsqu'il est condamné par application de l'article 334 C. Pénal ou pour crime commis sur son
enfant, après deux condamnations pour délits
envers celui-ci, à la suite de deux condamnations
pour excitation habituelle de mineurs à la débau-

che ou d'une seule pour complicité de crime commis par un de ses enfants

La déchéance est facultative : comme conséquence des travaux forcés ou de la réclusion en-
courus pour crime contre la sûreté intérieure de
l'Etat ; après deux condamnations pour séques-
tration, suppression, exposition ou abandon d'enfants, ou, pour vagabondage ; lorsque le père
subit, dans moins d'un an, deux condamnations
correctionnelles pour ivresse publique ; après
une condamnation pour violation de la loi du 7
décembre 1874 sur l'emploi des enfants dans les
exercices périlleux et dans la mendicité. Elle
peut être également prononcée : lors de la pre-
mière condamnation, pour excitation habituelle de
mineurs à la débauche ; quand l'enfant est conduit dans une maison de correction après avoir
été acquitté pour défaut de discernement. Enfin,
elle peut frapper, en dehors de toute condamnation, les père et mère qui, par leur ivrognerie
habituelle, leur inconduite notoire et scandaleuse
ou de mauvais traitements, compromettent soit la
santé, soit la sécurité, soit la moralité de leurs
enfants.

Cette déchéance est complète et absolue c'est-
à-dire produisant ses effets à l'égard de tous les
enfants ; elle peut même soustraire à l'autorité
paternelle les enfants issus d'un second mariage,
lorsque la mère le demande — Elle constitue
une incapacité pour la tutelle et la curatelle.

Intentée devant le tribunal du domicile ou de
la résidence du père, la demande doit être exa-

minée en chambre du conseil. Elle ne peut être
introduite que par un parent du mineur au degré
de cousin germain, ou par le ministère public. —
Pendant l'instance, des mesures provisoires peuvent être ordonnées ; le tribunal est libre d'a-
gréer, comme tuteur officieux, toute personne
en faisant la demande ; le conseil de famille
peut être consulté. Après enquête du Procureur
de la République, le jugement est rendu en au-
dience publique ; son exécution, nonobstant appel,
peut être accordée.

Lorsque le père est déclaré déchu, son autorité
passe soit à la mère, soit à un tuteur nommé
conformément au droit commun ; sinon, à l'Assistance publique. Celle-ci peut déléguer l'exercice de la totalité ou d'une partie de ses droits à
des tiers, particuliers ou associations de bienfaisance, sur lesquels elle conserve un droit de contrôle sanctionné par le retrait de l'enfant qu'elle
demande au tribunal.

Enfin, les particuliers et les associations cha-
ritables, qui ont accepté la charge de mineurs de
seize ans avec l'autorisation du père, peuvent
demander au tribunal que la puissance paternelle
soit confiée à l'assistance publique, tandis qu'elle
leur en déléguerait l'exercice. Et cela afin d'éviter
que les enfants soient retirés par leurs parents,
qui les réclameront lorsqu'ils deviendront une
valeur productive, les replaçant dans le milieu
pernicieux dont on a mis tant de soins à faire
disparaître l'influence. — Lorsque ces personnes
les ont recueillis sans l'intervention du père, elles

doivent en faire, dans les trois jours, une déclaration au maire de la commune dans laquelle l'enfant a été recueilli. Cette déclaration est notifiée aux parents dans les quinze jours ; et si, dans les trois mois, ils ne se sont pas présentés, celui qui a la charge de l'enfant peut demander au tribunal à être investi de tout ou partie de leur puissance.

Quant au père qui veut être relevé de sa déchéance, il doit s'adresser au tribunal qui ne statue qu'après avoir consulté le conseil de famille. Et si elle a été prononcée à la suite d'une condamnation, il doit auparavant se faire réhabiliter.

Cette nouvelle loi fixe donc une réglementation nouvelle ; mais elle ne contient aucune innovation de principe, puisque la déchéance se rencontrait déjà dans deux dispositions antérieures.

Son application ne soulève guère de difficulté qu'en ce qui concerne l'ancien droit de contrôle exercé par les tribunaux. Or, la jurisprudence elle-même reconnaît qu'ils ne l'ont plus ; elle s'est manifestée plusieurs fois dans ce sens : vous connaissez le remarquable jugement de nos magistrats qui a contribué à la fonder et qui fait autorité dans la matière.

Pourtant certains, probablement des ennemis du repos des juges, veulent le leur accorder malgré leur peu d'empressement à le revendiquer. Ils me paraissent avoir tort d'insister ainsi ; la loi que nous venons d'examiner a eu, en effet,

pour but de changer l'ancien état de choses.
Elle a été faite pour remplir ce que l'on croyait
être une lacune, dans notre législation. Elle a
spécialement prévu une situation qui ne parais-
sait pas assez bien réglée. Dès lors, quel fondement et quelle raison d'être aurait le biais auquel l'on avait antérieurement recours pour réprimer les abus qu'elle se propose d'empêcher ?
Et, de l'avis de tout le monde, même de ses partisans les plus convaincus, il n'était qu'un moyen
détourné pour arriver à la répression d'abus que
l'on n'atteignait pas directement. — La mesure
protectrice à prendre est indiquée : c'est la déchéance : il n'y a qu'à l'appliquer, en n'oubliant
pas qu'elle est de droit étroit. Je sais bien que
l'on dit : la loi va alors à l'encontre du résultat
qu'elle se propose d'atteindre, car les cas indiqués
ne se présentent que rarement. Mais est-ce un
mal que de ne pas jouer légèrement avec les
droits du père de famille, de n'y porter atteinte
que dans les cas d'une gravité exceptionnelle ?
D'ailleurs, la formule « inconduite notoire et
scandaleuse, mauvais traitements compromettant
la santé, la sécurité ou la moralité de l'enfant »,
n'est-elle pas assez large pour assurer une protection efficace ?

Quant à moi, je reprocherai au contraire au législateur de 1889 d'être allé trop loin ; car je
pense qu'il s'est laissé entraîner par sa passion
humanitaire, qui l'a peut-être conduit hors des
limites de ses droits.

Ne voyez-vous pas, en effet, Messieurs, domi-
ner sur toutes ces réglementations la déchéance
de la puissance paternelle ? Or, le pouvoir législ-
latif peut-il supprimer le droit lui-même lorsqu'il
dérive de la nature des choses ? Je ne le pense
pas. Il peut bien en restreindre l'exercice lorsqu'il s'étend hors de ses limites, mais il ne doit
pas pour cela supprimer le droit lui-même ; ce
qui constitue un abus répréhensible, ce n'est pas,
en effet, l'existence du droit, mais son usage em-
piétant sur les droits d'autrui. D'ailleurs, comment justifierait-il du pouvoir nécessaire pour
agir ainsi, puisque l'Etat n'a que l'autorité dont
les individus l'ont revêtu? Ah ! je sais bien que
parfois l'on répète avec Rousseau : « Les clauses
du contrat social se réduisent toutes à une seule,
savoir : l'aliénation totale de chaque associé avec
tous ses droits à la communauté. » Mais alors le
propriétaire n'est qu'un détenteur du bien natio-
nal, le père n'est qu'un pédagogue, l'individu un
esclave public. Et pourtant notre législateur ne
déclare-t-il pas lui-même qu'un citoyen ne peut
pas abdiquer sa liberté, qu'il ne peut pas s'enga-
ger d'une façon générale à n'acquérir jamais un
droit de propriété, que les liens de famille sont
incessibles ? C'est que l'homme ne peut pas renoncer à ses droits naturels car il est le déposi-
taire du passé, comptable envers l'avenir du tré-
sor matériel et moral qui lui a été confié ; il est
une partie de la nature dont il ne peut éviter les
lois, et, sujet du Créateur, qui lui a donné ces
droits d'une façon indestructible pour qu'il puisse
marcher sûrement vers le bonheur et le progrès.

Or, dans la question qui nous occupe, la déchéance est bien la disparition complète de la puissance paternelle. Elle est, en effet, suivant l'expression très juste de M. Léon Clément : « la mort civile restreinte à l'autorité paternelle ».

D'ailleurs, il ne faut pas s'exagérer la portée pratique de ce reproche. En fait, la déchéance du droit et la suppression de son exercice total aboutissent aux mêmes conséquences, un droit ne se manifestant que par son usage — Mais, d'un autre côté, voyez si les restrictions apportées par nos lois pénales à l'exercice de la liberté humaine ne constituent pas une protection suffisante ? Et celles apportées à la manifestation du droit de propriété, notamment par les expropriations pour cause d'utilité publique, ne garantissent-elles pas l'intérêt général ? Eh bien, pourquoi n'en serait-il pas de même pour la puissance paternelle ? Aussi, au point de vue législatif, la faute n'est que plus lourde, n'ayant même pas l'utilité pour excuse.

Mais voici, par contre, une critique portant uniquement sur les conséquences de fait. Le sixième paragraphe de l'article 2 prononce la déchéance « en dehors de toute condamnation, contre le père et mère qui, par leur ivrognerie habituelle, leur inconduite notoire et scandaleuse ou par de mauvais traitements, compromettent soit la santé, soit la sécurité, soit la moralité de leurs enfants ». Peut-on rêver une formule plus vague, plus élastique ? Et cela dans un texte qui, fixant les cas de déchéance d'un droit, ne saurait se passer d'une précision extrême. A quel degré, en effet, faudra-t-il descendre dans le vice et la brutalité pour que la sécurité et la moralité de l'enfant soient en danger ? Sait-on même d'ailleurs au juste ce qu'est la moralité ? N'est-ce pas chose essentiellement relative ; variant suivant les individus ? Ah! je sais bien que l'on se fait un certain idéal auquel doit se conformer une même société. Mais celle-ci ne comprend-elle pas des classes différentes, chacune ayant des aptitudes diverses à s'en rapprocher suivant les caractères qui la distinguent ? Dès lors, vous concevez les erreurs d'appréciation que peut commettre le juge.

Néanmoins, j'approuve une disposition même aussi générale si l'utilité de la société et les droits de l'enfant l'exigent ; mais je voudrais alors la voir accompagnée de sérieuses garanties d'une saine application. Or. je ne connais qu'un moyen pouvant éclairer la religion du tribunal : la consultation du conseil de famille. C'est, en effet, cette réunion de parents ou d'amis qui, pris dans le même milieu social que le père et l'enfant, montrera la véritable situation tout en reflétant les idées de leur classe. Quant aux autres modes d'information, vous en savez la valeur : les explications des parties, plaideurs intéressés ; l'enquête du Procureur de la République : résumé de notes de police. Telles sont pourtant les deux garanties qui ont paru les plus sérieuses au législateur de 1889 : il force le juge à s'en prémunir, tandis que le conseil de famille peut n'être même **pas consulté.**

Ne voulant pas rechercher les imperfections de détail, ce sera la dernière que je signalerai dans la loi qui nous occupe. — Le conseil de famille n'y a pas la place qui doit lui être faite C'est lui qui fait entendre la voix de la vérité dans ces conflits où il est si difficile de la trouver au milieu des intérêts et des passions en lutte. Le tribunal devrait donc le consulter dans toutes les affaires de déchéance de la puissance paternelle.

J'estime même qu'il serait bon qu'elle ne pût être jamais prononcée lorsqu'il ne la jugerait pas utile ; car c'est lui qui apprécie mieux que tout autre la nature des griefs formulés contre le père. Je n'irai pourtant pas jusqu'à dire que le tribunal devrait déclarer le père déchu chaque fois que le conseil de famille le croit nécessaire : certaines considérations commandant le maintien de la puissance paternelle peuvent échapper à des esprits un peu rudimentaires que l'on est exposé à rencontrer parfois dans ces conseils, divers membres peuvent obéir même inconsciemment à des influences intéressées à voir disparaître la puissance du père. Il est bon, par suite, que le juge ait une certaine liberté d'action nécessaire lorsqu'il ne s'agit plus seulement d'apprécier la réalité de certains faits.

La législation sur la protection de l'enfance, composée des textes de nos Codes, de certaines lois de classes et de la loi du 24 juillet 1889, serait donc à peu près irréprochable dans son

ensemble si elle n'avait touché qu'à l'exercice de
la puissance paternelle et si elle avait accordé
aux membres de la famille l'influence légitime
qui, rationnellement, doit leur être accordée.

Un droit « ancien comme le temps, sacré comme
la nature » aurait été ainsi respecté dans son
essence ; et dans ses diverses manifestations il
aurait subi moins d'atteintes non justifiées. Il
en serait résulté une amélioration dans l'ordre
des faits et un enseignement d'une haute portée :
l'indestructibilité de la puissance paternelle.

Or aujourd'hui, c'est un état d'esprit si frap-
pant que je puis le constater sans m'exposer au
reproche de n'avoir pas l'autorité et l'expérience
nécessaires pour juger une génération d'hommes,
sous la domination de l'utilitarisme l'on perd de
plus en plus la juste notion de cette autorité. Par
légèreté ou recherche du paradoxe, par igno-
rance, par tactique, l'on est arrivé à en contester
même le principe. Combien donc un pareil exem-
ple aurait été salutaire !

Voilà l'œuvre législative.

Eh bien ! elle ne serait que lettre morte sans
l'intervention de la charité privée.

C'est elle, en effet, qui recueille ces enfants que
la loi soustrait à une puissance malfaisante ; c'est
elle qui tâche d'en faire des hommes, de bons
citoyens. Et elle seule peut remplir dignement
une pareille mission. Pour diriger ces jeunes
intelligences qui toutes ont subi plus ou moins des

influences pernicieuses, pour surveiller l'éducation matérielle et morale de ces enfants avec tous
les soins et les tâtonnements qu'elle comporte :
placements chez les particuliers, surveillance à
exercer sur ceux-ci, création d'établissements
industriels et agricoles spéciaux ; pour soutenir
leurs premiers pas dans la vie du monde, il faut
une émulation, un zèle, une attention, un courage
et une patience infatigables, une véritable passion de charité que ne peut pas avoir l'Etat. Des
fonctionnaires remplissant consciencieusement
leurs devoirs dans l'espoir d'un avancement mé-
rité ne suffisent pas pour cette tâche ; elle
demande, en effet, des cœurs pétris de pitié et
des dévouements soutenus par la sainte croyance
qu'il vaut mieux subir tous les déboires, s'exposer à toutes les désillusions, « même à l'ingrati-
tude plutôt que de manquer aux misérables » (1).

Aussi le rôle actuel de l'Etat dans la protection
des enfants sans famille ou soustraits à l'autorité
paternelle est-il le seul qui lui convienne.

Représenté par l'administration de l'Assistance Publique, il est investi de la puissance
paternelle lorsque la tutelle n'a pas été déférée
suivant le droit commun. Le législateur préfère,
en effet, avec raison, la tutelle individuelle à celle
qui s'exerce sur une collection d'enfants. Mais
l'Assistance Publique délègue l'exercice de ses
droits à des tiers, établissements hospitaliers,
simples particuliers ou associations de bienfai-

(1) LA BRUYÈRE.

sance, qu'elle fait surveiller par ses inspecteurs.

L'Etat n'apparaît donc que pour assurer à la Charité sa liberté d'action et en surveiller l'exercice.

Aussi est-on émerveillé des splendeurs de ses manifestations.

Ah ! certes, Messieurs, notre histoire nationale n'est pas stérile de noms ayant jeté sur la vieille France un doux reflet de charité. Saint Vincent de Paul ne bâtit pas sur une terre inculte, et il put grouper autour de lui de précieux auxiliaires qui continuèrent son œuvre tandis que de Saintes Filles perpétuent son nom jusqu'à nous. Mais aujourd'hui c'est un mouvement général, c'est presque un phénomène. Ecoutez-en l'analyse faite par un éminent publiciste, M. Leroy-Beaulieu (1) : « Au fur et à mesure que la civilisation se développe et que la richesse s'accroît, l'intérêt pécuniaire n'absorbe pas l'homme tout entier, ou du moins, n'absorbe pas entièrement tous les hommes. D'autres mobiles coexistent avec lui et se développent avec le temps plus que lui : une sorte de luxe se portant sur la moralisation, l'éducation, le soulagement d'autrui, j'allais presque dire un genre raffiné de sport qui se répand en création d'établissements d'utilité générale ; il y a là toute une variété de sentiments, très nuancés dans leur désintéressement, mais con-

_____

(1) L'Etat moderne et ses fonctions.

courant tous au même but : faire profiter la société du superflu des sociétés. »

Partout, en effet, ont surgi depuis plusieurs années des associations d'hommes se proposant le soulagement des misères, l'amélioration de l'humanité souffrante. — Je ne vous en donnerai pas même l'énumération ; celle relative à la protection de l'enfance suffirait pour lasser votre attention. Mais certaines œuvres méritent une mention particulière à cause de leur importance et des personnalités qui les dirigent.

C'est d'abord le Comité d'étude et de propagande pour toutes les réformes intéressant l'enfance, qui se réunit au Palais-de-Justice, à Paris, sous la présidence de M. le Bâtonnier des avocats. Composé des sommités du corps judiciaire et du monde philanthropique, il jouit d'une influence morale considérable. Il a déjà obtenu des résultats importants surtout au point de vue criminel. Ainsi, il a fait renoncer à la procédure des flagrants délits vis à vis des enfants, afin que leur dossier soit examiné avec plus de soin. — Puis, la « Société des jeunes libérés », dont l'un des plus distingués de nos confrères parisiens, Me de Corny, dirige l'action bienfaisante. Elle s'étend sur une catégorie d'enfants que je n'ai pas examinée spécialement dans le cours de mon travail forcément restreint, mais qui est composée presque uniquement d'enfants moralement abandonnés dans la plus forte acception du mot. — C'est ensuite, la « Société de protection des Engagés volontaires élevés sous la tutelle administrative » ayant à sa tête M. Voisin, conseiller à la Cour de cassation, dont la haute compétence s'emploie ainsi au service de la Justice sous sa forme parfaite ; la bienfaisance étant encore de la Justice. Son but est de faciliter une bonne conduite à ceux qui entrent sans appui dans les luttes de la vie, en leur ouvrant le suprême refuge de l'honneur ; œuvre aussi patriotique qu'humanitaire. — Je vous rappellerai enfin cette « Société générale de protection pour l'Enfance abandonnée ou coupable » à laquelle est attaché un nom que l'on ne prononce qu'avec recpect, car il évoque un glorieux martyre et est aujourd'hui porté par une famille vouée tout entière au service de la souffrance, celui de Bonjean. C'est, en effet, M. Georges Bonjean qui, grâce à un dévouement et à une activité sans bornes, est l'incarnation presque complète de cette œuvre importante parmi toutes les autres et que l'on appelle aussi « la Société Bonjean » ; hommage flatteur qui vaut mieux que tout autre éloge.

Et je ne m'arrête qu'à regret, pressé par le temps, devant les noms qui reviennent sans cesse dans les œuvres philanthropiques : Guillot, Cresson, Bérenger, Roussel, Beudant, et tant d'autres ; tout le monde qui pense et que la souffrance d'autrui ne laisse pas indifférent. Ce magnifique effort de charité sera, en effet, une des gloires les plus pures de notre époque ; il est, en outre, un gage pour l'avenir.

L'on peut, certes, attendre avec confiance l'arrivée des temps nouveaux lorsque de toutes parts, à l'étranger comme en France, se manifeste un pareil sentiment de la solidarité humaine.

Mais gardons-nous pourtant de nous abandonner sans réserve aux tendances qui l'ont provoqué. Il serait en effet dangereux de suivre certains esprits dans la voie où ils essaient d'entraîner les générations nouvelles ; car elle conduit à la destruction progressive de l'autorité paternelle et des autres institutions sociales. Prétextant la protection due aux faibles et au respect de leurs droits, ils ne poursuivent qu'un but : l'ingérence de l'Etat « à la tâche infinie » rêvé par les Allemands. Aussi poussent-ils hardiment à la restriction, même à la négation des droits inviolables ; n'avançant que progressivement mais sûrement, car ils savent faire vibrer le cœur de l'homme. Aujourd'hui, l'Etat doit sauvegarder la moralité de l'enfant ; mais demain il édictera les principes des choses, et puis il les enseignera lui-même, se substituant complètement au père. L'enfant sera protégé ; mais que deviendra la famille, que deviendra la société ?

Dans toutes ces réformes sociales il faut donc n'avancer qu'avec une prudence extrême, car autour de nous s'agitent des adeptes de la méthode destructive que le socialiste Becker préconisait dans ces termes : « Nous devons d'abord tuer le monde moralement et le porter ensuite à la fosse. »

D'ailleurs, libre à ceux qui sont partisans d'un nouvel état de choses de suivre jusqu'au bout les précurseurs des sociétés prochaines. Mais j'estime que, avant toute chose, il faut savoir où l'on veut aller ; l'équivoque étant peut être le plus puissant dissolvant des corps sociaux.

Quant à moi, je pense que, après les deux modifications que j'ai indiquées comme nécessaires, il serait dangereux et inutile d'aller plus loin. L'ingérence excessive de l'Etat énerve et amollit les sociétés ; et nos lois sont suffisantes, puisqu'elles ont garanti le développement du grand courant bienfaisant qui nous incline vers les déshérités du bonheur.

A l'abri des institutions actuelles, chacun peut donc pratiquer la belle parole qui a été laissée au monde il y a dix-huit siècles : « Secourez-vous les uns les autres » et travailler pour l'avenir en se dévouant à cette enfance, la France de demain.

Voilà une belle tâche, Messieurs. Elle peut satisfaire les plus nobles ambitions. C'est presque une gloire que de la tenter ; c'est un devoir de ne pas la méconnaître et d'honorer ceux qui savent l'accomplir.

www.ingramcontent.com/pod-product-compliance
Lightning Source LLC
Chambersburg PA